GW01417641

Rhed dan Awyr Las

CERDDI BARDD PLANT CYMRU 2001 A PHLANT CYMRU

Meirion MacIntyre Huws

HUGHES

Argraffiad cyntaf: Tachwedd 2001

ISBN 0 85284 314 3

Dymuna'r cyhoeddwyr gydnabod cymorth
Adrannau Cyngor Llyfrau Cymru.

Cyhoeddwyd gan Hughes a'i Fab,
Parc Tŷ Glas, Llanisien,
Caerdydd CF14 5DU.

Lluniau gan:
Sarah Berry, Catrin Meirion Jones
a Siôn Morris

Cynllun clawr:
Natalie Rogers, Pentagon

Cysodwyd ac argraffwyd gan
Wasg Dinefwr, Heol Rawlings,
Llandybïe, Sir Gaerfyrddin.

Cyflwynedig
i Deio, am dy awen,
am dy wich ac am dy wên

Cynnwys

Rhagymadrodd

Unwaith eto eleni, dyma fynd ati i gynhyrchu cyfrol o gerddi Bardd Plant Cymru a beirdd ifanc y dyfodol. Eisoes, enillodd rhagflaenydd y gyfrol hon, *Jam Coch mewn Pwdin Reis*, wobr Tir na n-Og 2001 am y Llyfr Cymraeg Gorau ac Eithrio Ffuglen, a gobeithio fod cerddi, lluniau ac ysbryd *Rhedeg Ras dan Awyr Las* yn mynd i apelio at yr un gynulleidfa ag sy'n amlwg wedi mwynhau'r gyfrol gyntaf.

Mae cywaith Bardd Plant Cymru yn gynllun ar y cyd rhwng *Planed Plant* S4C, Cyngor Llyfrau Cymru ac Urdd Gobaith Cymru. Hoffai'r cyhoeddwyr ddiolch i'r Urdd am eu parodrwydd i ddarpau deunydd Gŵyl yr Urdd 2001 i gyfoethogi'r gyfrol hon. Cawn weld enillwyr y categorïau *Pen-blwydd*, *Malwoden* a *Ffrindiau*, yn ogystal â'r cerddi a ddaeth yn ail ac yn drydydd. Diolch hefyd i'r plant a roddodd eu caniatâd i ni ddefnyddio'u cerddi.

Fe sylwch chi fod nifer o gerddi wedi eu hysgrifennu gan aelodau o Sgwadiau Sgwennu Gwynedd. Dengys y safon a'r ymrwymiad i farddoni pa mor werthfawr ydy cynlluniau o'r fath i ddiwylliant pobl ifanc yng Nghymru. Diolch yn fawr i Bethan Gwanas, sy'n gweithio gyda'r Sgwadiau, ac a roddodd ganiatâd i mi ddefnyddio'r cerddi hyn.

A chaiff yr olaf fod yn gyntaf . . . Diolch i Mei Mac, Bardd Plant Cymru 2001. Mae digwyddiadau 2001, yn enwedig clwy'r traed a'r genau, wedi ei gwneud hi'n anodd i Mei deithio i bob ardal yng Nghymru i ymweld â beirdd ifanc. Er gwaethaf hyn, mae wedi gwneud ei orau glas i gyd-farddoni â chynifer o blant â phosib, fel y dengys y cerddi a ysgrifennwyd yng Ngardd Fotaneg Genedlaethol Cymru, Llanarthne, yn Hen Garchar Biwmares ac yn Labrinth y Brenin Arthur yng Nghorris! Diolch i Gyngor Llyfrau Cymru am drefnu cynifer o ddigwyddiadau hefyd.

Rhagair

gan

MEIRION MacINTYRE HUWS

Bardd Plant Cymru 2001

Does dim dwywaith amdani, mae plant wrth eu bodd ag unrhyw beth newydd a gwahanol. Mae ganddyn nhw'r ddawn i ryfeddu, boed hynny at stori anhygoel am fwystfilod o'r gofod neu at sŵn ac ystyr un gair bach.

Fy nod i wrth fynd o amgylch ysgolion cynradd Cymru oedd annog y to ifanc sy'n codi i fod yn gyfforddus yng nghwmni barddoniaeth. Cyfforddus yn ei darllen, yn ei chreu ac yn ei chlywed. Mae barddoniaeth yn gyfrwng gwych i gyflwyno pynciau amrywiol iawn o hanes i wyddoniaeth ac mae'n ysgogi'r plant i fynd ati i grynhoi eu meddyliau ar bapur. Pleser oedd cael gweithio tuag at hynny gyda phlant brwdfrydig ac athrawon ysbrydoledig o Amlwch i Gastellnewydd Emlyn.

Hoffwn ddiolch am y fraint o gael cario'r teitl 'Bardd Plant Cymru', a diolch o galon i'r Urdd a Chyngor Llyfrau Cymru am eu cefnogaeth barod drwy'r flwyddyn. Diolch yn arbennig i griw hwyliog Planed Plant am dderbyn barddoniaeth fel elfen annatod o ddiwylliant ein to ifanc. Ond yn bennaf hoffwn ddiolch yn arbennig i'r holl blant y bûm yn cydweithio â nhw, am eu brwdfrydedd diflino a'u rhyfeddod di-ben-draw. Dyma'r rhai pwysig, nhw fydd yn cynnal a chadw'r traddodiad barddol hynod hwn sydd gennym yma yng Nghymru.

Cerddi Mei Mac

BARDD
PLANT CYMRU
2001

Y Cob

Pan syllaf i'w lygaid mi welaf y Ddraig,
Pan rwbiaf ei dalcen mae'n teimlo fel craig;
Pan fydd yn gweryru mi glywaf y gwynt
Fu'n cario'r Eryrod dros y mynydd gynt;
Pan glywaf ei garnau mewn cae'n codi stŵr
Mi glywaf sŵn traed holl filwyr Glyndŵr.
Mae ei goesau cyhyrog fel derwen pob un,
A'i gynffon fel gwymon ar draethau Pen Llŷn;
Ei flew sydd cyn ddued â phyllau glo'r De,
Nid oes yr un ceffyl all gymryd ei le.
O'i drwyn i'w bedolau mae'n hardd – ac mi wn
Nad march bach cyffredin, ond CYMRO yw hwn.

Llun: Siôn Morris

Llygaid!

Mae cant o lygaid gloyw
ar ganol y lôn,
yn sylwi ar y cyfan:
cysgodion y dylluan,
a'r llwynog ar daith buan.
Mae cannoedd o lygaid gloyw
o Benfro i Fôn.

Mae mil o lygaid bychain
ar hyd y ffordd fawr
yn gwrando ar y cyfan,
y lorri laeth sy'n tincian,
a'r brain drwy'r glaw yn clebran.
Mae mil o lygaid bychain –
maen nhw yno nawr!

Mae miliwn a mwy o lygaid
ar hyd y draffordd chwim
yn sylwi ar y cyfan,
pob gwyrth a phob tro trwstan,
pob angel a phob bwgan,
mae mil a mwy o lygaid,
ar hyd y draffordd chwim
yn sylwi ar y cyfan
ond eto'n cofio dim.

Sêr

Y sêr yw:
Pob Titw a Thomos sy'n canu'n y coed,
Pob calon a dorrwyd gan gariad erioed,
Pob gwyrth a rhyfeddod sydd heno ar droed,

Pob bwgan sy'n llechu mewn pwll ac mewn pant,
Pob deigryn a gollwyd ar ôl tynnu dant,
Pob gronyn o dywod ar wely pob nant,

Pob angel sy'n eistedd ar gwmwl mawr gwyn,
Pob 'sgodyn sy'n nofio yn nyfnder y llyn,
Pob llygad bach gloyw sy'n edrych yn syn,

Pob gair a phob brawddeg trwy'r gwledydd i gyd,
Pob cwestiwn a godwyd ers dechrau y byd,
Pob plentyn fel finna sy'n holi o hyd,
dyna yw'r sêr.

Y Pethau Bychain

Yng nghanol sbloets a sbort a sbri
yr Ŵyl, cofia amdana i,
gwna bethau difyr, gwna dy siâr
o'r pethau sy'n dy blesio di.

Tro badell ffrio yn gitâr,
gwna forthwyl efo coes cyw iâr,
gwna dafod efo darn o ham,
a dwed rhyw bethau bach *bizarre*.

Gan gnoi ymylon brechdan jam
gwna gerflun bach o Smot neu Sam,
a gwna lun draig ar gefn dy law
mewn inc, i wylltio Dad a Mam!

Dos, rhuthra i'r ysgol erbyn naw,
ond paid â phoeni am y baw
sydd dros dy sgidiau, at dy ffêr,
ond gwranda di ar gân y glaw.

Fin nos, yng nghwmni'r tedi-bêr,
yn cyfri, fesul un, y sêr,
'sdim ots os yw dy grys ar lawr,
'sdim ots os yw dy lofft yn flêr.

Ac os wyt ti am dyfu'n gawr,
gwna'r pethau bychain hyn yn awr,
ac yn y man daw pethau mawr,
ac yn y man daw pethau mawr.

Dydd Gŵyl Dewi 2001
Cerdd Diwrnod y Llyfr

Rwy'n Gwybod

Rwy'n gwybod
nad oes neb yn trwsio'r wawr
ar ôl iddi dorri.
Rwy'n gwybod nad yw'r tywydd yn troi
i'r chwith nac i'r dde.
Rwy'n gwybod hefyd
os yw fy nhrwyn yn rhedeg
na fydd o'n mynd yn bell.

Rwy'n gwybod
nad oes rhaid i mi afael mewn troed
i dynnu coes,
na mynd yn agos at neb
i dynnu blew o'i drwyn;
ac rwy'n gwybod
yn bendant
os collaf i fy mhen
fydd dim angen chwilio'n bell amdano.

Rwy'n gwybod,
os oes gen i dân yn fy mol,
na fydda i'n chwythu mwg,
ac na fydda i'n llawn
ar ôl llyncu mul.
Rwy'n gwybod hefyd
nad oes raid i mi roi fy llaw mewn coelcerth
i losgi fy mysedd.

Rwy'n gwybod na fydda i'n malu dim
wrth fynd dros ben llestri.
Rwy'n gwybod hyn i gyd,
ond eto,
nid wyf yn siŵr
os yw bod yn hanner call
yn well, neu'n waeth
na bod yn hanner gwirion . . .

Llun: Siôn Morris

19

Cil y Coed

'Sdim smic i'w chlywed heddiw rhwng y drain
Yn Llwyn y Brain;
A'r dail sy'n brinnach nag erioed
Yng Nghil y Coed;
Ac nid oes un diferyn yn y pant
Yn Sŵn y Nant.

Mae'r caeau wedi crasu at y gwraidd
yn Hafod Haidd;
Does dim i'w weld yn fflachio erbyn hyn
Yn nŵr y Llyn;
na neb ar ôl i droi a thrin y tir
yn Nhŷ'n y Ffridd.

Mae'r strydoedd oll yn flêr, ond mae hi'n waeth
hyd Lôn y Traeth;
Mae beic a thri hen gar a deunaw sgip
Ger Gwêl y Tip;
Mae Trem yr Wyddfa'n Drem y Swyddfa nawr –
Mae'n broblem FAWR!

Brwm! Brwm!

Mi ges i freuddwyd un nos Sul,
mai garej enfawr oedd y byd,
Cadillac pinc o America bell
oedd Mrs Barnes-Majors, Pen-Stryd.

Hen Austin wedi malu oedd Wil
(mae o'n dipyn o gi drain)
hen feic Peni Ffardding oedd fy nhaid
a Mini bach gwyn oedd fy Nain.

Am ei bod hi'n llond ei chroen
bws dybl-dec oedd Anti Gwen,
car to-meddal oedd Wncwl Huw
(does ganddo 'run blewyn ar ei ben!)

Beic BMX oedd fy Jac fy mêt,
roedd fy nhad yn glamp o JCB,
ond llawer cyflymach a drutach na phawb,
Ferrari mawr coch oeddwn i.

Blwyddyn o Liwiau

Ionawr sydd yn fferru'r llyn,
a chlecian mae fy nannedd gwyn.

Bwgan ydy'r hen fis bach
a'i nos yn ddu fel clogyn gwrach.

Mawrth sy'n felyn drosto i gyd
a chennin ar ei frest o hyd.

Mae gan Ebrill frws paent gwyrdd
i beintio'r wlad o boptu'r ffyrdd.

Het fioled sydd gan Mai,
hi yw'r harddaf a dim llai.

Mehefin wedyn, pinc yw hon,
fel y candi fflos ar ffon.

Gorffennaf sydd yn rhedeg ras
a'i lygaid fel yr awyr las.

Dwylo Awst sy'n aur i gyd,
yn y cwm mae caeau ŷd.

O Gaerdydd i Abersoch,
Mae Medi'n llawn o aeron coch.

Hydref sydd yn drwm ei droed
a'i 'sgidiau'n frown fel dail y coed.

Mae gan Dachwedd gôt fawr lwyd,
crwydro mae o Fôn i Glwyd.

Llwm yw Rhagfyr bron pob awr,
ond am ryw hyd mae'n enfys fawr.

Cerddi
Plant Cymru

Tân Gwyllt

Noson dywyll oer yn Nhachwedd,
Y fflamau'n olau lliwgar,
A'r hen Guto'n llosgi
A'r fflamau'n barod i'w fwyta.

Bang! Bang! a'r nesa
Yn saethu i fyny.
Golau di-ri lliwgar
Yn yr awyr ddu.

Disgleiria'r lliwiau hardd,
Oren, melyn, glas a coch,
Fel patrymau yn
Yr awyr.

Olwynion Catrin yn
Yr awyr mor hardd,
Yn troi a throi
A'r lliwiau'n tasgu.

Rhai mawr, rhai bach,
Rhai swnllyd!, rhai tawel,
Ond mae pob un
Yn hardd.

Y roced olaf
Yn mynd i fyny –
"Bang!" i ffwrdd â hi
A'r storm yn tawelu.

Eilir Pryse

Pen-blwydd

Deffro yn y bore.
Ymolchi yn y bàth.
Sblasio Mam a Dad.
Sychu fy ngwallt yn grimp.
Gwisgo dillad smart.
Disgwyl am Postmon Pat.
Rhwygo yr amlenni
A'r papurau llachar.
Mae'n amser disgo!
Golau yn fflachio.
Teisen ben-blwydd anferth.
Saith o ganhwyllau yn wincian.
"Pen-blwydd Hapus, Elin."

Elin Wyn Erfyl Jones
Ysgol Llanfair-pwll

Llun: Sarah Berry

Fy Nhedi Bêr!

Mae 'nhedi bach yn eistedd
A gwenu ar bob un,
Mae'n gwtslyd iawn bob amser
A wastad ar ddi-hun.

Nid yw yn mynd i'r ysgol
Ac aros mae yn dlws;
Wrth i mi ddod o'r ysgol
Mae'n ffyddlon wrth y drws.

Dwi'n cysgu'n drwm bob amser
Yn fy ngwely i;
Mae hi'n fy ngharu innau
A dwi'n ei charu hi.

Catrin Gwyn Jones
Ysgol y Dderwen, Caerfyrddin

29

Y Tymhorau

Hydref

Dail lliwgar fel enfys enfawr
yn crio.
Hysbyseb 'Skittles'.

Gaeaf

Eira gwyn fel gwlân cotwm
yn paratoi
carped i Siôn Corn.
Ho! Ho! Ho!

Gwanwyn

Blodau lliwgar fel persawr
yr ardd.
Trydar yr adar yn deffro'r coed
I fywyd newydd.

Haf

Heulwen fel lamp ddisglair
yn gwenu ar y traeth aur.
Hufen iâ yn toddi
fel rhaeadr dros fy llaw.

Blwyddyn 6
Ysgol y Login Fach, Waunarlwydd

Pen-blwydd

'Iypi'! gwaeddais.
'Heddiw ydi diwrnod fy mhen-blwydd!'
Mam yn canu 'Pen-blwydd Hapus' dros y lle.
'Ga i fynd lawr y grisiau, Mam?'

Disgwyl am y postmon.
Agor y presantau.
'O! na, mae'r rhain yr un fath!'
Crio.

'Ydi'r daleb yna?' gwaeddodd Mam.
'Na' . . . 'Wel am helynt!'
'Un i mi ac un i Huw?'
'Wel dyna syniad da.'
'Hogyn mawr, Tomos,' meddai Dad.

Tomos Shaw
Ysgol Llanfair-pwll, Ynys Môn

Oedolion

Pethau gwirion yw oedolion,
Maen nhw'n dod mewn pob lliw a llun,
Mae rhai yn fach, a rhai yn fawr,
Un math yn ddynes ac un math yn ddyn.

Mae rhai yn gegog a rhai yn dawel,
A rhai yn denau neu'n dew,
Maen nhw'n ffeind, yn ddig,
Yn sibrwd fel llygoden, neu'n rhuo fel llew.

Maen nhw'n cyhoeddi fel rhyw foi o'r fyddin,
Gwna hyn! Gwna'r llall!
Ti'n hwyr! Bwyta dy frecwast!
Dyw rhai ohonynt ddim yn gall!

Ia, pethau gwirion yw oedolion,
Ond fedra i gwyno dim,
Os na'i drio ateb yn ôl, i roi fy ochr i o'r stori,
'CER I DY WELY – YN SYTH BÌN!'

Adam Thomas
Sgwad Sgwennu Gwynedd

Rhedeg Ras dan Awyr Las

CERDDI BARDD PLANT CYMRU 2001
A PHLANT CYMRU